DISNEY
PRINCESS

美女與野獸

貝兒的飛行大冒險

勇於探索

新雅文化事業有限公司
www.sunya.com.hk

貝兒和她的父親莫維斯正在前往巴黎的
路上，他們打算到訪法國國家圖書館。

2

貝兒急不及待要翻閱圖書館中的每一本圖書了。

莫維斯忍不住笑起來，說：「你要讀遍圖書館裏所有的書？我真希望我們有充裕的時間呢！」

　　數小時後，貝兒和父親抵達一間鄉間旅館，他們今晚將要在那兒休息。

　　「看！是芝士和暖呼呼的麵包喔！」他們安頓妥當後，旅館的老闆娘便送上餐點。

　　不過貝兒的注意力卻被一位年輕的女孩吸引住了，
她正忙着在筆記本上揮筆疾書。

她在寫什麼呢？也許是一部冒險小說，或者是一個童話故事？貝兒好奇地猜想。

這時候，讓貝兒一探究竟的好機會出現了！

　　「你的東西掉了。」貝兒一邊說，一邊將飄到地
上的紙張交還給那位神秘的作家。
　　「謝謝你，」女孩說，「我寫遊記寫得太專注，
沒發現它們掉在地上了。」

「遊記？真厲害呀！」貝兒興奮地說，
「你遊歷過哪些地方呢？」
　　女孩笑了，她來到貝兒和莫維斯的餐桌
旁坐下來。

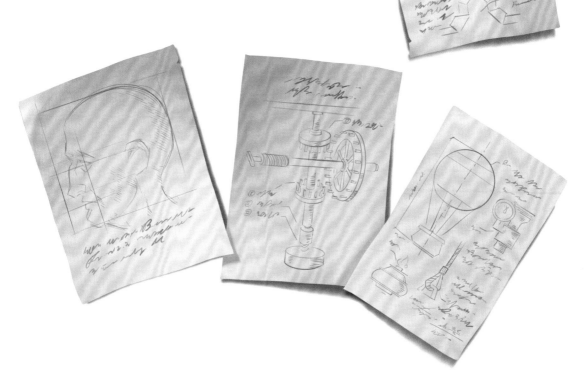

女孩名叫蘇菲。

「我到過法國的每一個城鎮，希望尋找一些精彩的發明。」蘇菲說。

貝兒大感驚訝，「你的下一個目的地在哪兒呢？」她問。

「下一個目的地是英格蘭！我來告訴你們，我要怎樣到那裏去吧！」蘇菲說。蘇菲帶着貝兒和莫維斯來到一片草原上，那裏停靠着她那獨特的交通工具：一個熱氣球！

　　貝兒和莫維斯想要了解關於熱氣球的一切，於是蘇菲便為他們示範熱氣球如何運作。

　　「這是我親自造的。」蘇菲說，「不如你們和我一起乘熱氣球飛行一小段路程吧？」

貝兒和莫維斯興奮極了！他們爬進熱氣球的吊籃裏，隨着熱氣球升空，展開他們的第一次熱氣球飛行之旅。

　　從高空望下去，世界顯得真細小呀！

當他們飛得更高時，蘇菲大聲叫道：「有許多雲快速湧過來了！」

這時候，一位新乘客加入了他們的飛行之旅！

14

不過片刻之後，一陣「轟隆隆」
的雷聲將那隻鳥兒嚇走了。
「不好了，風暴快要來到了！」
莫維斯驚呼。

接着，豆大的雨點落下來。
「我從未試過在風暴下飛行啊！」
蘇菲高聲叫道。

「我們要盡快降落！」
貝兒在強風中呼喊。

貝兒和莫維斯緊緊抓牢繩索，而蘇菲則將火焰調小。
熱氣球開始下降。

然而，就在熱氣球慢慢飄向地面時，一陣強風將熱氣球吹向一棵大樹。

嘶！一根樹枝劃破了熱氣球的帆布！

嗖嗖嗖！熱氣球頓時往地面急速墜落。

幸好他們掉在草地上，平安無事。不過，蘇菲為了她的熱氣球受損而非常難過。

「別擔心，我們同心合力，一定能把熱氣球修理好！」貝兒向她保證。

第二天，貝兒、莫維斯和蘇菲着手修理熱氣球。他們縫縫補補，敲敲打打，修理熱氣球破損的地方。
沒多久，熱氣球便煥然一新了！

「你們幫了我一個大忙！」蘇菲說。

為了表示她的謝意，她將一份特別的禮物送了給貝兒和莫維斯——她的熱氣球製作說明。

「我們回家後便能一起製作熱氣球了！」貝兒對父親說。

「不過，先讓我來送你們到巴黎吧！」蘇菲興奮地說。

一會兒後，莫維斯駕着馬車，回
到前往巴黎的路上。不過這次他有特
別的飛行嚮導帶路！

「我們快要到達巴黎了！」
貝兒從熱氣球上叫道。

當他們終於走進法國國家圖書館時，貝兒簡直不敢相信自己雙眼。

圖書館收藏了所有題材的書籍！

貝兒急不及待開始閱讀了！

她的閱讀清單上第一類書是遊記，接着是關於飛行的書，還有世界地圖！

DISNEY PRINCESS

阿拉丁

公主馬球大賽

團結合作

這天一大清早，茉莉公主飛快地趕到卡瑪拉馬場。原來她獲選成為公主馬球俱樂部其中一位隊長，正要去跟她的隊員和其他隊伍的隊長見面！她真的非常渴望像許多年前她的母后一樣，贏得公主馬球俱樂部的金盃。

親愛的茉莉公主：
　　恭喜！你已經入選為公主馬球俱樂部的隊長。

　　明天早上請到卡瑪拉馬場報到，跟你的隊伍——皇家騎師隊會面。

　　　　　　公主馬球俱樂部敬上

「歡迎你們，各位隊長！」當所有人都抵達後，俱樂部的主席說，「今天你們將會與你們的隊員見面。好好訓練他們，到了季末，我們會舉行一場終極決賽，決定誰能贏取金盃。」

俱樂部主席逐一宣布各隊伍的名稱：超級蘇丹隊、尊貴女王隊、頂級皇牌隊和皇家騎師隊。

茉莉急不及待要認識她的隊伍——皇家騎師隊了！

超級蘇丹隊

尊貴女王隊

頂級皇牌隊

　　另一位隊長花娜公主卻取笑他們。「你們比較像是『輸家騎師隊』。」花娜對茉莉說。

　　茉莉最初並沒有理會花娜的話。不過沒多久，她便發現姬絲朵不敢放開她那匹馬的脖子，阿米拉正埋頭沉浸在書海中，而絲娜正在忙着做倒立。

茉莉去找俱樂部主席，說：「這個安排肯定是弄錯了。」
主席搖搖頭說：「每支隊伍都是按照每位隊長的專長而特意挑選的。你一定能夠應付的，茉莉公主。」
茉莉回家時心情不太愉快。於是，茉莉的父親蘇丹鼓勵她說：「你只要盡力而為就可以了。」
茉莉真希望她盡力便足以贏得比賽。

第二天，茉莉指導她的隊員如何打馬球。她為隊友示範如何
將球擊進龍門裏，還有如何藉由衝撞對手的馬匹或勾住對手的球
棒來阻止其他隊伍前進。

　　接下來那一天，茉莉想出一個訓練的好方法。為了找出隊友的長處，她設計了一個遊戲。

　　「來玩個遊戲吧，」她把球分散在四周，「看看誰能打中最多的馬球！」

在遊戲過程中，茉莉發現，絲娜一察覺到自己的坐騎和她一樣精力充沛，一人一馬便頓時成為了最佳拍檔。她們總能夠率先把球搶過來！

姬絲朵習慣將重心壓低在馬背上，她能夠衝向其他球員，阻止對手得分。

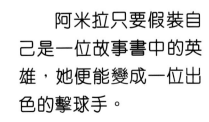

阿米拉只要假裝自己是一位故事書中的英雄，她便能變成一位出色的擊球手。

37

茉莉運用隊友的長處贏得數場比賽，沒多久她們便成功打入決賽，將要和花娜公主的隊伍——尊貴女王隊決一高下了。

　　「哎呀，這不是膽小貓、書蟲和雜技人嗎？」花娜公主嘲笑道，「準備好認輸吧！」

　　在第一局開始前，茉莉和隊友聚在一起互相打氣。茉莉說：「花娜不明白，她取笑你們的，正是讓你們顯得特別的地方。只要善加運用，就會變成你們的長處。現在我們一起到球場上，好好享受比賽吧！」

　　比賽開始了，絲娜在花娜手中成功奪球！

　　皇家騎師隊率先搶得控球權。在第二局中，姬絲朵三度阻止了花娜射球得分！

阿米拉在第三局中打入了兩球。其中一球還是跨越大半個球場而射進的呢！

第四局結束後，兩位隊長各自召集隊友，重整士氣。
「你們都表現得非常出色！」茉莉興奮地說，「現在兩隊同分。只要我們繼續努力，就一定能夠贏得這場比賽！」

不過尊貴女王隊的隊員一點兒也不高興，
因為花娜從來不會傳球給隊友。

到了最後一局，花娜射球得分，她的隊伍領先一分。如果皇
家騎師隊不追上一分，她們便會輸掉！

茉莉準備跑過球場再次射球。不過就在那時候，她看見了尊貴女王隊的隊員，便靈機一動，想出一個好主意。茉莉要求暫停比賽，和她的隊友討論。茉莉希望讓尊貴女王隊的女孩們都有機會參與比賽，好好享受打馬球的樂趣。

當皇家騎師隊回到球場後，茉莉馬上傳球——給尊貴女王隊
的其中一名隊員！姬絲朵和阿米拉阻擋着花娜搶截傳球，而絲娜
則在球場旁邊一直為尊貴女王隊打氣。

在最後一局中，每位尊貴女王隊
的隊員都射進了一球！

比賽結束了，尊貴女王隊贏得冠軍。

茉莉很高興兩隊的隊員都可以開開心心地投入比賽，那比勝利重要得多了。

「恭喜尊貴女王隊！」俱樂部主席說，「勝出者將獲頒發冠軍獎牌。至於金盃，則會屬於最值得表揚的球員。今年的得獎者是……」

「茉莉公主！你是一位名副其實的領袖。」主席說，「就像你的母后一樣。」

茉莉倒抽了一口氣，說：「你認識我的母后嗎？」

主席臉上綻放微笑，「你的母后就是我的隊長。」

茉莉的朋友和家人全都高聲歡呼起來。她終於奪得金盃了！

灰姑娘
皇家劇院開幕夜

勇敢自信

今天晚上是皇家劇院開幕的大日
子，灰姑娘興高采烈地到劇院欣賞表
演。隨着布幕緩緩打開，表演者逐一踏
上舞台。灰姑娘笑了，因為她認識那位
演員。她名叫卡琳，是灰姑娘還未成為
公主前已認識多年的朋友。

許多年前，灰姑娘的後母杜明尼夫人決定定期在家中舉辦音樂課，讓女孩子來學習如何演奏樂器和歌唱，因為她覺得舉辦音樂課會突顯她上流人士的身分。

　　對杜明尼夫人的兩個女兒狄茜和安蒂來說，音樂課很沉悶。不過灰姑娘認為那是一個美妙的主意。

　　「我也想參加！」灰姑娘說。

　　杜明尼夫人瞇起雙眼。「哎呀，灰姑娘，你真的有那麼多空閒的時間嗎？」

「不行，不行，你有太多家務要做了。」杜明尼夫
人接着說，「我絕不會讓你浪費時間學音樂的。」
　　灰姑娘非常渴望可以學習音樂，與她的動物朋友一
同演奏歌曲。

第二天，杜明尼夫人的音樂課開始了。灰姑娘從繁重的家務中溜出來，偷偷張望上課的情況。一位遠遠站在鋼琴旁邊的女孩吸引了灰姑娘的注意。

她有着灰姑娘聽過最甜美的歌聲。
這個女孩的名字正是卡琳。

安蒂和狄茜嫉妒卡琳的歌唱天分。

「你以為自己非同凡響，對吧？」迪茜一邊對卡琳發出噓聲一邊說，「哼，你一點天分也沒有。你的聲音細小得根本沒人聽得見。」

「那也算是好事，因為你的歌聲聽起來就像鵝叫。」安蒂嘲諷說。灰姑娘的兩個繼姊不斷取笑卡琳，直到她轉身離開。

　　第二天早上，灰姑娘在街上遇見了卡琳，她正走向灰姑娘的家。

　　「你的歌聲很優美。」灰姑娘說。

　　「你真的這樣想嗎？」卡琳問，「安蒂說我的歌聲就像一隻鵝在叫。」

　　「那不是真的！」灰姑娘激動地說，「你的歌聲就像夜鶯一般甜美。」

那天的音樂課結束後，狄茜和安蒂仍舊大聲嘲笑卡琳，說她沒有歌唱才能。

灰姑娘找到卡琳，嘗試讓她相信自己。

「也許她們說得對。」卡琳難過地說，「也許我應該放棄唱歌。」

「我不同意。」灰姑娘說，「我有一個主意。明天到鎮上找我吧。」

卡琳和灰姑娘在城鎮的廣場上會合。灰姑娘想出了一個計劃，也許能幫助卡琳對自己的歌聲更有信心。是時候讓卡琳親眼看看自己有多出色了！

首先，灰姑娘請卡琳為樂器店的老闆高歌一曲。卡琳有點兒害羞，她輕聲地在老闆面前唱起歌來。

「真美妙！」老闆說。

來到鐵匠舖，卡琳又再唱一曲。這次，她唱得更有自信了。

鐵匠為她歡呼：「非常動聽！」

她們接着來到麵包店。這次，卡琳更大聲地唱歌。
麵包師傅給她熱烈鼓掌，手上的麵粉也飛揚起來了。

來到香水店，卡琳的歌聲變得響亮又充滿生氣。「水準一流。」一位顧客驚訝地說，「你真的非常有天分。」
卡琳感到喜出望外。

　　下一次音樂課舉行時，杜明尼夫人宣布，著名歌劇演唱家拉霍絲夫人將在翌日到訪。她會挑選一位學生跟隨她學習。這是難得一見的大好機會！

　　「試音時我會在你身邊為你打氣。」灰姑娘對卡琳說，「你只要做自己就好。記住，你的歌聲就像夜鶯一般甜美。」

　　「謝謝你。」卡琳說，「我相信自己有機會獲選！」

第二天，當卡琳抵達時，灰姑娘並不在場，因為她的繼母故意命令她到森林撿柴。

「你根本不會唱歌。」狄茜和安蒂對卡琳冷嘲熱諷。

就在那時候，輪到卡琳在拉霍絲夫人面前試音了。不過卡琳張開嘴巴要唱歌時，卻緊張得發不出一丁點聲音。灰姑娘兩位繼姊的歌聲更是十分可怕。

於是，拉霍絲夫人沒選中任何人成為她的學生。

灰姑娘完成工作趕回家後，卡琳告訴她發生了什麼事情。

「現在還不算遲。」灰姑娘說，「假如你相信自己，你便能做到任何事情。」

卡琳給灰姑娘一個擁抱。「我想我現在準備好去唱歌了。」

接着，灰姑娘請拉霍絲夫人起程之前，給卡琳一點時間，讓她唱一首歌。

卡琳站在拉霍絲夫人面前，用她夜鶯一般甜美的歌聲唱歌。

「我終於找到一個最具天分的學生了。」拉霍絲夫人宣布，「我相信卡琳終有一天會成為偉大的歌劇巨星！」

許多年後的劇院裏，灰姑娘於演出結束後和卡琳互相擁抱。「你的歌聲和以往一樣甜美。」灰姑娘說，「你迷倒了全部觀眾。」

「謝謝你。」卡琳說，「要是沒有你，我便不會做到，公主殿下。」

突然，一位年輕的演員跑到卡琳面前，對她說：「我做到了，我能大聲唱歌了！」

「我聽見了你的歌聲呢。」卡琳說，「你的歌聲就像夜鶯一般甜美。」灰姑娘會心一笑。那句話正是她許多年前鼓勵卡琳時說的呢！

魔海奇緣

衝破風浪的滑浪者

堅毅不屈

這天早上，慕安娜和德蘭嫲嫲在他們最喜愛的蒙圖努爾海灘上散步。路上，他們看見村裏一些小孩在練習滑浪。

「我真希望自己也能做到……」慕安娜說着咚的一聲坐在沙灘上，「說個故事給我聽吧，嫲嫲，好不好？說一個關於你的故事。」

德蘭嫲嫲放聲大笑，然後坐在慕安娜身邊，開始訴說她的故事。

「當我還年輕的時候，我和你非常相似呢。我喜愛待在海邊，一有機會便會跑向大海，和海浪嬉戲共舞。」德蘭嫲嫲說。

「你現在仍然會這樣做啊。」慕安娜說。

「對啊，我仍然會這樣做。先繼續聽吧。」德蘭嫲嫲耐心地說。

「我的朋友魔鬼魚會和我會合，我會看着牠們乘風破浪，牠們的身體會優雅地滑過浪花。有時候，我也會嘗試滑浪，跟在牠們身邊。我們沿着大海滑翔，我耳邊所聽、眼中所見的，全都是海洋和天空。」

「有一天，當我在海中和魔鬼魚玩耍時，一個巨浪將我拋向沙灘，我就像一根海參一樣被沖上岸！直到我聽見一陣笑聲，才發現原來我的所有朋友都在沙灘上，目不轉睛地看着我！唯一一個沒有取笑我的人，就是木匠亞索萊利。」

「我不想被人取笑，不過，哎呀，我多想去滑浪呀。於是每當我有空便偷偷到海邊再次挑戰。一次又一次，我不斷被大浪拋走，然後又馬上跳回去！」

　　「之後有一天晚上，發生了一件改變一切的事情。一隻鳥兒從遠方飛來。牠看似站立在水中！當牠越來越接近我時，我看見牠原來站在一塊浮木上。我欣賞着這隻美麗的鳥乘浪前行的模樣，牠從頭到尾都昂首挺胸，十分神氣。牠迅速地越過了我，海風翻動着牠的羽毛。我看了牠最後一眼，然後我知道——我一定要像那隻鳥一樣做！」

「第二天早上，我開始尋找可以讓我站着滑浪的東西。我試過一切我找得到的東西：

大塊的樹皮、

蕉葉、

船槳。」

「大部分情況下，我都會立即掉進海中。即使我站起來，所有東西都會很快地彎曲、破損，或是沉進大海。但我日復一日，繼續嘗試。沒有人能令我分散注意力或阻止我挑戰。我下定決心，要像那隻鳥一樣。」

「然後一天晚上，當我看着亞索萊利在火堆旁造木雕時，心裏浮現出一個念頭——我可以造一塊滑浪板啊！」

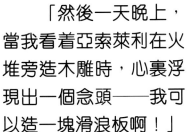

「我在沙上畫出滑浪板的設計圖，而亞索萊利答應幫助我。他耐心地教我如何雕刻、打磨和拋光木材。」

　　「我花了許多工夫，終於造好了滑浪板。我急不及待想要試試，於是，一大早我便帶着滑浪板到海邊。我帶着滑浪板，划水到達我敢於前往的最遠處，然後在滑浪板上等待合適的海浪出現。當一個大浪來到時，我馬上迎向它，但我失敗了。那些看着我的人大概在嘲笑說：『荒唐、瘋狂的德蘭。快點放棄吧！』」

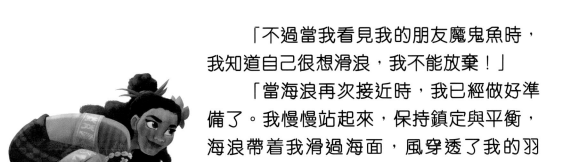

「不過當我看見我的朋友魔鬼魚時，我知道自己很想滑浪，我不能放棄！」

「當海浪再次接近時，我已經做好準備了。我慢慢站起來，保持鎮定與平衡，海浪帶着我滑過海面，風穿透了我的羽毛，就像那隻鳥一樣！」

「你沒有羽毛的呀，嫲嫲。」慕安娜咯咯笑起來。

「那天的我確實有羽毛呀，慕安娜。我還有翅膀呢！我根本沒留意到我的朋友一直看着我，直到他們高聲歡呼，當中最響亮的就是亞索萊利——你的爺爺。」

慕安娜用力拍手。「我好喜歡這個故事。」

德蘭嫲嫲慈愛地微笑起來，「我也喜歡呢。」她把自己和亞索萊利許多年前一起製作的滑浪板遞給慕安娜。「你準備好要去挑戰一下了嗎？」

慕安娜十分興奮，緊緊抓着那塊滑浪板。「我準備好了！」

慕安娜跑向海邊，而德蘭嬷嬷跟隨在她身後。
慕安娜帶着滑浪板，從德蘭嬷嬷身邊划向大海。
當德蘭嬷嬷望向她孫女的臉龐時，她知道無論慕安娜
被海浪打倒多少次，都會一次又一次繼續嘗試。

沒多久，慕安娜終於學會滑浪，她與
德蘭嫲嫲在海中一起滑浪。她們就像擁有
羽毛的鳥一樣，在海面上飛翔。

米奇老友記

深夜驚魂

克服恐懼

今晚，米妮和黛絲約好了要在黛絲家玩耍和留宿，米妮來到她最好的朋友黛絲家門前，還沒來得及按門鐘，大門便已飛快地打開了。

「快來快來！」黛絲高聲說，「我計劃了許多事情一起做呢！」

當她們來到屋內後，黛絲宣布說：「首先，我們來做杯子蛋糕吧！」兩個好朋友馬上開始攪拌材料、烘烤和裝飾蛋糕。

「不是我自誇，但這些蛋糕真是漂亮極了。」黛絲說。

「明天我們悄悄地送一些蛋糕到米奇和唐老鴨的家，給他們一個驚喜吧。」米妮提議說。然後，她發現杯子蛋糕的裝飾就像她們戴着的蝴蝶結一樣。「不知道為什麼，我覺得他們會知道這些蛋糕是我們送的。」

接下來是時裝表演時間。黛絲拿出化妝品、首飾和她最華麗的衣服。

　　「我們一定會打扮得很可愛！」黛絲說。

　　當她們完成打扮後，米妮望向鏡中的自己。「我不太肯定自己是不是很可愛呀。」她一邊大笑一邊說，「但我想我一不小心，將自己變成了一棵聖誕樹！」

　　米妮認為「聖誕樹」大概不會成為未來的時裝潮流，於是她和黛絲放棄自己的新形象，換上舒適的睡衣。現在是時候好好放鬆，欣賞一齣好電影了。

　　「我的電視能接收397條頻道，」黛絲說，「讓我們來看看有什麼精彩的節目吧！」

　　她們不斷轉換頻道，直至她們發現一條不斷播放恐怖電影的頻道。

　　「好極了！」米妮說。

一齣名叫《三米爪子的隱形怪物》的電影剛好開始播映。米妮和黛絲目不轉睛地看着一位女演員走進一幢令人毛骨悚然的大宅裏，大門在她身後「嘭」的一聲大力關上了！

「啊！」米妮和黛絲嚇得跳起來。

「你永遠不會捉到我的，怪物！」女演員大喊。不過沒多久她便聽見怪物向着她「嘎吱」、「嘎吱」、「嘎吱」走近的聲音。在大宅裏，怪物追着不斷逃跑的女演員。

幸好，女演員成功逃脫了。不過米妮和黛絲要把電燈亮着，才敢看完電影的下半部分。

　　電影結束後，這對好朋友準備上牀睡覺了。米妮嘗試讓自己
冷靜，但她每次聽到奇怪的聲音，就忍不住跳起來，而黛絲則迫
使自己不去注意牆上詭異的影子。她們爬上睡牀，互相道晚安。

　　一小時後，她們仍舊毫無睡意。

　　「那齣電影真是嚇壞我了，」米妮最終承認說。「某程度
上，隱形的怪物要比你能看見的可怕得多了。只要想像一下它的
模樣，便令我冒起雞皮疙瘩來了。」

　　「我也是呀。」黛絲回答說，她試着說笑，逗她的好朋友開
心。「特別是那女孩穿上那件芥茉黃色斑紋的醜毛衣，我從來沒
見過這樣可怕的情景！」

米妮提議喝一些暖呼呼的牛奶，這樣應該較易入睡。喝光兩杯牛奶後，她們回到牀上……仍舊睡不着。

　　「這根本行不通啊！」黛絲抱怨道，「我們現在應該怎樣做？」

　　「要不我們數綿羊吧？」米妮回答說。她閉上眼睛，開始幻想一片充滿綿羊的草地。

　　黛絲也閉上眼睛，不過她決定用鞋子和服飾代替綿羊。

好不容易，兩個女孩開始沉入夢鄉。這時候，她們突然聽見一聲響亮的「嘎吱」！

　　「那是什麼聲音？」黛絲驚叫。

　　「我不知道呀。」米妮說，她躲在被子下蜷縮成一團。「也許那只是一根樹枝刮到窗口？」

　　「對，一定是那樣。」黛絲回答，但她自己也不相信。

　　數分鐘後，她們聽見了更多抓刮的聲音，然後傳來一聲大大的「嘎吱」！

　　「哇啊啊啊！」女孩們高聲驚呼。

　　「如果那是有三米爪子的隱形怪物，那怎麼辦？」黛絲問。

　　米妮深呼吸了一下。「我們要試試保持冷靜。」她說，「黛絲，我們只有一個方法，可以找出是什麼東西發出怪聲。」

　　「什麼方法？」黛絲問。

「我們必須像電影中的女孩一樣，展開調查。」米妮說。

「好吧。」黛絲緊張地點點頭，「不過我不要穿成她那樣！」

　　於是，這對好朋友便躡手躡腳地走向發出抓刮聲的地方。那些聲音似乎是從門外傳來的。

　　「我們從窗口偷看一下外面吧。」黛絲提議說，「也許我們能看見一些東西。」

　　米妮把窗簾拉到一旁後，馬上大聲抽了一口氣。

　　「你看到什麼？」黛絲說。

「是小貓！」米妮大叫起來。

她飛也似的把門打開，將三隻小貓帶進屋內。

「可憐的小傢伙！」黛絲說，「你覺得牠們是不是迷路了？」

「也許吧。」米妮回答說，「我們明天在附近打聽一下，看看這些小貓是不是有人飼養的。」

「那麼現在我來整理一下後備的睡牀吧。」黛絲說。

「什麼後備睡牀？」米妮一臉疑惑。

黛絲一把抓起她的洗衣籃。「就是這個啊！」她說。

「誰會猜到我們遇見的怪物，他們的真面目是又毛茸茸又可愛的？」米妮一邊問，一邊回到睡牀上舒服地躺下來。

「我也猜不到。」黛絲回答說，女孩們忍不住大笑起來。

數分鐘後，米妮、黛絲和那些一點也不嚇人的小貓全都安穩地睡着了！